DON

D'UNE

SOMME DE 121,000 FRANCS

FAIT A DIVERS ÉTABLISSEMENTS PUBLICS,

EN 1853,

Par M. ORFILA (1).

(1) Indépendamment de cette somme, je donne tous les ans, ma vie durant, 1,000 francs pour payer des préparations anatomiques, et je sers au surveillant Stablo une rente viagère de 100 francs.

DON

D'UNE

SOMME DE 121,000 FRANCS

FAIT A DIVERS ÉTABLISSEMENTS PUBLICS,

EN 1853,

Par M. ORFILA (1).

<hr>

(1) Indépendamment de cette somme, je donne tous les ans, ma vie durant, 1,000 francs pour payer des préparations anatomiques, et je sers au surveillant Stablo une rente viagère de 100 francs.

n'aura pas son pareil, et ajouter aux nombreuses preuves de sympathie et de dévouement, que j'ai données aux étudiants en médecine, un témoignage de ma vive reconnaissance pour l'accueil si flatteur que pendant trentequatre ans ils n'ont cessé de faire à mes paroles, en les écoutant religieusement et avec une persévérance dont il serait difficile de citer plus d'un exemple. Aussi, et pour que l'on ne se méprenne pas sur le motif de cette fondation, je veux que l'inscription suivante soit placée dans la salle principale du Musée :

Aux Étudiants en Médecine.

J'AI FONDÉ CE MUSÉE EN 1845,

DANS L'INTÉRÊT DES ÉTUDES,

ET UNIQUEMENT POUR VOUS ÊTRE UTILE.

ORFILA.

2° Qu'en instituant en faveur du surveillant Stablo une rente viagère de 100 francs, j'ai voulu récompenser les services rendus au Musée avec un zèle et une intelligence qui ne sauraient être surpassés.

3° Qu'en fondant deux prix, l'un à l'Académie de médecine, et l'autre à l'École de pharmacie de Paris, sur des sujets qui ont occupé toute ma vie, je n'ai d'autre ambition que celle de servir la science, à laquelle je suis constamment resté fidèle, sans chercher à en être distrait par la politique.

4° Qu'en donnant à deux Écoles préparatoires de médecine de France, celles de Bordeaux et d'Angers, une faible preuve de l'intérêt que je leur porte, je persiste dans la pensée que l'enseignement des établissements de cet ordre, organisé sur ma proposition et d'après les bases que j'ai posées en 1837 (1), est excessivement fructueux et continuera de l'être, tant qu'on suivra rigoureusement les principes que j'ai établis.

5° Qu'en dotant l'Association des médecins du département de la Seine d'une rente de 400 francs trois pour cent, je n'ai eu d'autre but que de venir en aide aux confrères de ce département qui ne sont pas heureux et à leurs familles. Cette association, reconnue aujourd'hui comme institution d'utilité publique, et que je suis fier d'avoir fondée en 1833, est une œuvre de philanthropie et de moralisation ; en effet, indépendamment des misères qu'elle soulage, elle prouve aux

---

(1) Voir mon rapport dans le *Bulletin universitaire* de 1837, t. VI, p. 172.

hommes de notre profession qu'en se conduisant honorablement, ils peuvent compter sur son appui et sur sa protection, toutes les fois qu'ils les réclameront dans un intérêt public ou privé.

6° Qu'en allouant tous les ans, ma vie durant, une somme de 1,000 francs pour meubler la galerie nouvelle et pour établir un musée de micrographie, j'ai eu principalement pour but d'enrichir le Musée Orfila d'un grand nombre de ces pièces que le Dr Sucquet prépare avec un talent qui n'a pas encore été égalé, et de doter la science d'un ensemble suffisant d'objets microscopiques propres à montrer la structure intime de nos tissus, et dont les élèves pourront se faire une idée exacte, à l'aide de plusieurs microscopes placés devant les pièces.

Je serai grandement récompensé, si mon exemple trouve des imitateurs.

Paris, ce 1er janvier 1853.

ORFILA.

Détails des dons.

1° A l'État, pour achever le Musée Orfila. .	60,000 fr.
2° A l'Académie de médecine, pour fonder un prix de 2,000 fr., une inscription de 1,000 fr. de rente 3 p. 100	
3° A l'École de pharmacie de Paris, pour fonder un prix de 1,000 fr., une inscription de 500 fr. de rente 3 p. 100.	
4° A l'Association des médecins du département de la Seine, une inscription de 400 fr. de rente 3 p. 100	53,200
Les 1900 fr. de rente 3 p. 100 affectés au payement des n°^{os} 2, 3 et 4, ayant été achetés à 84 fr., donnent une somme de 53,200 fr.	
5° A l'École préparatoire de médecine de Bordeaux.	1,000
6° A l'École préparatoire de médecine d'Angers.	2,200
7° A l'État, pour frais de mutation, etc. .	4,600
Total (1).	121,000 fr.

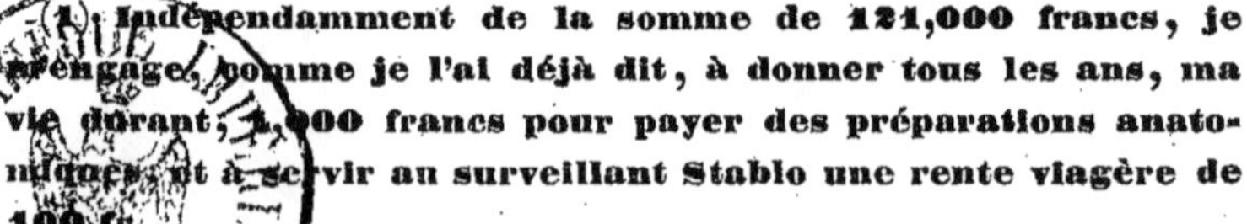

(1) Indépendamment de la somme de 121,000 francs, je m'engage, comme je l'ai déjà dit, à donner tous les ans, ma vie durant, 1,000 francs pour payer des préparations anatomiques et à servir au surveillant Stablo une rente viagère de 100 fr.

Paris, le 1ᵉʳ janvier 1853.

A M. LE PRÉSIDENT DE L'ACADÉMIE DE MÉDECINE.

Monsieur et cher Collègue,

J'ai reçu de l'Académie de nombreux témoignages
d'estime et de sympathie, dont je ne perdrai jamais
le souvenir. Je viens aujourd'hui lui donner une
preuve de ma reconnaissance, en instituant un prix
de 2,000 francs, qui sera décerné tous les deux ans,
et pour la première fois en 1855 ; à cet effet, je
mets à sa disposition une inscription de 1,000 francs
de rente trois pour cent, représentant une somme
de vingt-huit mille francs (à 84 fr. prix d'achat).

Les prix qui seront donnés aux séances publiques
de 1855 et de 1857 porteront sur une question de
toxicologie ; celui qui correspondra à 1859 aura pour
objet une question puisée dans une des autres branches de la médecine légale. En 1861 et en 1863,
les prix seront décernés pour un sujet de toxicologie,
tandis que pour 1865, la question aura dû être
choisie parmi celles qui sont du ressort des autres
parties de la médecine légale. On appliquera ensuite
le principe que je viens de poser, c'est-à-dire que
dans une période de six années, deux fois le sujet
du prix sera une question toxicologique, et une fois
une question de médecine légale, anatomique, phy-

siologique, médicale, chirurgicale, ou obstétricale. Toutefois il y aura lieu de se départir de cet ordre rigoureux et de procéder autrement, ainsi que je l'indiquerai bientôt, lorsqu'un prix n'aura pas été adjugé, et que la question aura été de nouveau mise au concours.

Si, après 1901, l'Académie pense qu'il y a plus d'avantage à remplacer la question médico-légale par un des sujets de la *seconde catégorie,* dont je vais parler, elle sera libre de le faire.

Le prix de 2,000 francs ne pourra jamais être partagé ; s'il n'est pas donné, la même question sera mise au concours, et le prix sera alors de 4,000 francs ; si cette seconde fois le prix n'était pas encore décerné, la même question serait proposée pour la troisième fois, et le prix serait de 6,000 francs. Si, malgré ces ajournements, la question n'était pas convenablement résolue, et que le prix ne fût pas adjugé, la somme de six mille francs serait versée dans la caisse de l'Association des médecins du département de la Seine, que j'ai fondée en 1833.

Ces remises successives d'une question, *quelle qu'elle soit,* auront nécessairement pour conséquence une modification dans la nature des sujets qui devront être proposés : ainsi, lorsque la question ajournée sera du ressort de la toxicologie, la remise à six ans entraînera, pour cette fois *seulement,* la suppression de la question médico-légale ; tout comme si la question ajournée concernait cette dernière science, il y aurait forcément, pendant quatre ans, suppression d'un sujet toxicologique.

La commission nommée pour juger les prix de toxicologie sera composée de cinq membres, dont deux appartiendront à la section de chimie, un à la section de pharmacie, un à la section de pathologie externe et un à la section de médecine légale. Pour juger les prix des autres branches de la médecine légale, la commission sera composée de deux membres pris dans la section de médecine légale, de deux choisis dans une des sections de chirurgie, et d'un appartenant à la section d'anatomie. Toutefois, s'il s'agit d'une question obstétricale, deux membres pris dans la section d'accouchements remplaceront les deux chirurgiens. Pour toutes les questions autres que celles de toxicologie et de médecine légale, dont il sera fait mention plus bas, l'Académie choisira cinq commissaires dans son sein.

Permettez-moi de vous indiquer maintenant, monsieur le Président, un certain nombre de questions toxicologiques que je désire mettre au concours à peu près dans l'ordre qui suit. Elles sont de deux catégories.

Première catégorie.

Recherches sur le chloroforme, sur les champignons, sur la cantharidine et les cantharides, sur la codéine, sur l'hyosciamine et la jusquiame, sur l'aconitine et l'aconit, sur la vératrine, la sabadilline, l'ellébore noir et le varaire blanc, sur l'atropine et l'*atropa belladona*, sur la daturine et le *datura stramonium*, sur la digitaline et la digitale, sur le laurier-rose, sur la strychnine, la brucine et la noix vomique, sur la picrotoxine et la coque du Levant, et sur le venin de la vipère.

Chacune de ces questions devra être envisagée sous les points de vue de la physiologie, de la pathologie, de l'anatomie pathologique, de la thérapeutique et de la médecine légale. Ainsi que deviennent ces poisons, après avoir été absorbés ; dans quels organes séjournent-ils ; à quelle époque sont-ils éliminés et par quelles voies ; quels troubles amènent-ils dans les fonctions ; quels sont les symptômes et les lésions organiques qu'ils provoquent ; quelle est leur action sur les fluides de l'économie animale, et en particulier sur le sang ; quel mode de traitement doit-on préférer pour combattre leurs effets ; enfin, et ceci est le plus important, quelle est la marche à suivre pour déceler ces toxiques *avant la mort*, soit dans les matières vomies ou dans celles qui ont été rendues par les selles , soit dans l'urine et dans d'autres liquides excrétés , ainsi que dans le sang? *Après la mort*, la recherche médico-légale de ces toxiques devra avoir lieu dans le canal digestif, dans les divers organes , dans l'urine et dans le sang; il faudra également indiquer l'époque de l'inhumation passé laquelle il n'est plus possible de les déceler.

Des expériences nouvelles seront tentées sur les contre-poisons des toxiques minéraux et végétaux. Peut-on, par exemple, poursuivre ces toxiques jusque dans le sang et dans les organes où ils ont été portés par absorption, en faisant usage d'un agent chimique qui les rende inertes ou beaucoup moins actifs ? S'il en est ainsi, comme je le pense, la science verra son domaine s'étendre utilement, puisqu'elle se borne aujourd'hui à attaquer les substances vénéneuses contenues encore dans le canal digestif, et qu'elle n'agit avec quelque succès que dans les *cas rares* où le contre-poison est administré *peu de temps* après l'ingestion du toxique.

Seconde catégorie.

Il est encore une série de questions qui, suivant moi, se rattachent à la toxicologie, et que j'aurais bien voulu avoir le temps d'élucider. Ces questions, d'un ordre très-élevé, extrêmement difficiles à résoudre, *ne devront être mises au concours qu'après* celles ou du moins qu'après la plupart de celles de la première catégorie, et lorsque déjà les expérimentateurs auront appris à surmonter les obstacles contre lesquels ils auront eu à lutter pour déceler les principes organiques végétaux et animaux.

Voici, monsieur le Président, toute ma pensée à cet égard. Je dis depuis trente ans, dans mes cours, que les fièvres intermittentes, la fièvre typhoïde,

les phlegmasies éruptives contagieuses, la dysente-
rie, la péritonite puerpérale, le choléra, la diph-
thérite, etc., sont des maladies spécifiques occasion-
nées par un toxique qui s'est développé dans l'économie animale, ou qui a été introduit du dehors
dans les voies respiratoires, pour être ultérieure-
ment mêlé au sang. Je suis tellement convaincu de
la vérité de cette assertion, que je ne balance pas
à demander à l'Académie de proposer plusieurs sujets de prix sur des questions de cette nature.

Il est bien entendu que les recherches relatives
aux problèmes de cette catégorie devront com-
prendre tout ce que j'ai déjà dit sur l'absorption,
les symptômes, les lésions de tissu, l'élimination,
le traitement, etc., des toxiques végétaux et animaux de la première catégorie.

Si les concurrents se trouvent dans l'impossibilité
de résoudre de pareilles questions, il n'en résultera
pas moins un progrès réel, parsuite des travaux in-
téressants auxquels ils auront dû se livrer. On ne
saurait assez encourager de semblables recherches ;
aussi ferai-je une exception pour les toxiques de cette
nature, en autorisant l'Académie à donner à celui
des concurrents qui aura le plus approché du but
une somme de 1,000 francs ou une médaille en or
de cette valeur. Dans le cas où cet encouragement
serait accordé, et que la question remise au concours serait convenablement résolue, le prix, au lieu
d'être de quatre ou de six mille francs, ne serait
plus que de trois, de quatre ou de cinq mille francs,

suivant le nombre d'encouragements qui auraient été décernés.

Si, après avoir mis au concours trois ou quatre des questions de cette catégorie, l'Académie voyait qu'à raison des difficultés du sujet, les résultats ne répondaient pas à mon attente, je la laisse libre de continuer à proposer des questions du même ordre, ou de choisir un problème d'*hygiène publique*.

Il est bien entendu que l'Académie désignera telle question qui lui conviendra, après avoir épuisé, dans les limites que je viens d'indiquer, les diverses séries de questions qui font partie de mon programme.

Recevez, Monsieur et cher collègue, l'assurance de ma considération distinguée, et de mes sentiments affectueux.

ORFILA.

Paris, le 1er janvier 1853.

A M. LE DIRECTEUR DE L'ÉCOLE SPÉCIALE
DE PHARMACIE DE PARIS.

Monsieur le Directeur et cher collègue,

Examinateur, depuis trente-deux ans, à l'École spéciale de pharmacie de Paris, j'ai été à même d'apprécier le mérite distingué et le zèle honorable de ses professeurs, ainsi que l'aptitude remarquable de la plupart des candidats qui avaient assidument suivi leurs cours. Je garderai toute ma vie un souvenir précieux des bons rapports qui n'ont jamais cessé d'exister entre vous, vos collègues et moi, et je m'estime heureux aujourd'hui de pouvoir donner une preuve du désir qui m'anime de contribuer quelque peu à rehausser l'éclat d'un établissement qui fait tant d'honneur à la France, et dont vous êtes le digne directeur.

Je mets à votre disposition une inscription de 500 francs de rente 3 p. °/₀, destinée à fonder un prix de 1,000 francs, qui sera décerné tous les deux ans, à dater de la séance de rentrée de l'année 1856. Cette inscription représente une somme de 14,000 fr. (à 84 francs, prix d'achat).

Ce prix ne pourra jamais être partagé. S'il n'est pas donné, la même question sera mise au concours, et le prix sera alors de 2,000 francs ; si , cette seconde fois , le prix n'était pas encore décerné , la même question serait proposée pour la troisième fois, et le prix serait de 3,000 francs. Si , malgré ces ajournements , la question n'était pas convenablement résolue et que le prix ne fût pas adjugé , la somme de 3,000 francs serait versée dans la caisse de l'Association des médecins du département de la Seine, que j'ai fondée en 1833.

Qu'il me soit permis d'indiquer sommairement, monsieur le Directeur, un certain nombre de questions qui me *paraissent* devoir être proposées les premières.

1° Extraire des médicaments composés les plus importants tous les principes immédiats ou toutes autres substances actives qui en font partie. Il ne faut pas croire que, parce que l'on aura retiré d'un médicament un alcaloïde ou tout autre corps doué d'une certaine activité , la science ait dit son dernier mot ; en effet, la substance extraite du médicament composé peut bien rendre raison d'un certain nombre d'effets thérapeutiques de ce médicament, mais souvent plusieurs autres effets dépendent de matières non encore isolées. Il importe d'être bien fixé à cet égard, afin de compléter tout ce qui se rattache à l'action des médicaments composés sur l'économie animale, et à la part que prennent dans cette action les divers éléments actifs qu'ils renferment. Cette question fournira, vous n'en doutez pas, un bon nombre de sujets de prix.

2° Déterminer, par l'expérience, quelles sont les substances des divers règnes qui ne doivent jamais être réunies dans une même formule, parce qu'elles se décomposent mutuellement et que les produits qui en résultent sont complétement inertes. Dire, par contre, quelles sont les substances qui, tout en se combinant et même en se décomposant, donnent naissance à des médicaments doués d'une certaine activité et partant utiles à la médecine. Indiquer le genre d'altération qu'éprouvent ces diverses substances, et la nature des nouveaux composés qui se sont formés.

3° Exposer les procédés propres à faire connaître certaines sophistications qui n'ont pas encore été l'objet d'études sérieuses.

4° Voir quelles modifications éprouvent à la longue certains médicaments végétaux et animaux de la part de la chaleur, de la lumière, de l'air sec et humide, etc., et dire si les produits qui résultent de l'altération de ces médicaments pourraient occasionner des accidents dans le cas où ces médicaments employés en médecine.

5° Analyser la salive, l'urine, et la sueur, dans les principales maladies aiguës *dites* spécifiques, afin de constater les changements qu'ont pu éprouver ces liquides ; joindre à cette étude celle de l'air expiré.

6° Rechercher si, chez les femmes en couches, le lait abandonne en partie les vaisseaux galactophores pour se porter ailleurs, et notamment si, dans ces maladies dites laiteuses auxquelles sont quelquefois en proie les femmes récemment accouchées, le lait a été réellement transporté dans l'urine, dans certaines cavités séreuses, etc.

7° Soumettre à l'analyse les eaux minérales encore peu connues, et reprendre l'étude de celles qui jouissent d'une grande célébrité, afin de savoir si on n'y décèlerait pas quelques nouvelles substances actives. Si le problème posé par l'Académie de médecine en 1851, à l'occasion du prix Capuron, n'a pas reçu une solution satisfaisante, on le remettra au concours.

Telles sont, monsieur le Directeur, les questions qu'il importe d'élucider. Les besoins de la science vous porteront, je n'en doute pas, à en proposer d'autres, soit avant, soit après celles qui viennent d'être indiquées ; je m'en rapporte, à cet égard, à la sagacité de MM. les professeurs, dont j'accepte d'avance les programmes, quels qu'ils soient.

Agréez, monsieur le Directeur et cher collègue, l'assurance de ma considération distinguée et de mes sentiments affectueux.

ORFILA.

Paris, le 1er janvier 1853.

A MM. LES MEMBRES DE LA COMMISSION GÉNÉRALE

DE L'ASSOCIATION DES MÉDECINS DU DÉPARTEMENT DE LA SEINE.

MESSIEURS ET CHERS COLLÈGUES,

Je ne retracerai pas tout le bien que nous avons fait depuis 1833, époque où j'ai fondé l'*Association des médecins de Paris;* je me bornerai à vous rappeler les faits les plus saillants.

Vous savez combien est grand le nombre de confrères, de veuves et d'enfants, que nous avons efficacement secourus, soit en les aidant de nos deniers, soit en acquittant le prix de bourses dans les colléges, soit enfin en plaçant dans des hospices ceux de nos confrères qui étaient assez malheureux pour n'avoir pas d'asile. La somme distribuée par l'Association s'élève déjà à plus de 100,000 francs.

Vous n'avez pas oublié les nombreuses poursuites que nous avons exercées contre une foule de charlatans sans diplôme, qui se faisaient un jeu d'exploiter et de tromper odieusement le public. C'est aussi sur notre demande que l'autorité supérieure a retiré, par deux ordonnances du Roi, le droit de pratiquer la médecine en France à deux médecins étrangers condamnés par les tribunaux, et que des actes déshonorants et criminels rendaient indignes de cette faveur.

Je n'ai pas besoin d'énumérer non plus *minutieusement* d'autres preuves d'intérêt et de sympathie données par nous soit au corps médical tout entier, soit à plusieurs de nos confrères injustement attaqués devant les tribunaux, et que nous avons défendus avec autant de générosité que de succès ; il me suffira de citer quelques faits pour mettre cette vérité dans tout son jour.

Dès son début, l'Association élaborait un projet d'organisation médicale comprenant à la fois l'enseignement et l'exercice de la médecine et de la pharmacie. Le gouvernement tirera grand parti de ce travail important, le jour où il se décidera à améliorer le sort des malades, des médecins et des pharmaciens, en faisant voter, par les pouvoirs compétents, la loi si impatiemment attendue.

Plus tard, par ses avis éclairés, l'Association faisait rapporter une ordonnance de police sur les ouvertures des cadavres, préjudiciable à la science ainsi qu'à la dignité des médecins.

Invitée par l'autorité municipale à indiquer les mesures à prendre pour arriver à une constatation plus exacte de la cause des décès dans la ville de Paris, l'Association s'est acquittée de cette tâche avec zèle et talent, et ses bons avis ont été mis à profit.

En avril 1841, notre collègue le D\u1d63 Bernardin, condamné par le tribunal de simple police pour avoir refusé de donner ses soins à un malade *pendant la nuit*, sollicita notre intervention, et nous obtînmes un jugement du tribunal de première instance qui infirma le premier, en déclarant que les médecins ne sont tenus de se rendre qu'à la réquisition d'une autorité compétente.

En juin 1843, à l'occasion d'une question de *secret*, le Dr Mallet, de La Rochelle, poursuivi comme coupable du délit prévu par l'article 346 du Code pénal, relatif au défaut de déclaration de naissance, fut acquitté par les tribunaux de La Rochelle et de Saintes. Le ministère public interjeta appel contre ces décisions ; c'est alors que le Dr Mallet sollicita notre appui. Nous intervînmes près la Cour de cassation, par une consultation de notre conseil judiciaire d'alors, M. Boulanger, et que M. Ledru-Rollin voulut bien se charger de faire valoir, au nom de l'Association. La cour suprême confirma les jugements de La Rochelle et de Saintes.

En juillet 1846, à l'occasion de blessures faites dans un duel, le Dr Saint-Pair, de la Pointe-à-Pitre, voulant garder le *secret*, refusa de répondre devant le juge d'instruction, et fut condamné. Notre confrère appela de ce jugement. Devant la cour royale, le Dr Saint-Pair continua à garder le silence et fut néanmoins acquitté. Mais le ministère public s'inscrivit contre cette décision et l'affaire fut déférée à la Cour de cassation. C'est alors que, sur la demande des médecins de la Pointe-à-Pitre, l'Association fit rédiger une consultation motivée. dont elle confia la défense à M. Paul Fabre. Le tribunal suprême, conformément à l'avis favorable de l'avocat général, M. Quesnault, rendit un arrêt remarquable, par lequel il maintient en principe le privilége du médecin, spécialement placé sous la protection de l'article 278 du Code pénal.

En 1846, un médecin anglais, reçu à la Faculté de médecine de Paris, le Dr Olliffe, ne fut pas admis, par décision du procureur général de Caen, à faire un rapport médico-légal ; on lui refusa par conséquent le droit d'opérer comme expert dans une affaire judiciaire. L'Association, consultée par le Dr Olliffe, l'un de ses membres, adressa au ministre de la justice un mémoire, dans lequel elle démontrait que notre collègue, reçu docteur français, devait jouir de toutes les prérogatives attachées à ce titre. Le ministre ne tarda pas à apprécier la justesse de nos observations, infirma la décision du procureur général de Caen, et mit M. Olliffe en possession du droit qui lui avait été contesté.

En juin 1851, dans le désir de faire juger la question relative aux frais de dernière maladie et au *privilége du médecin sur le propriétaire*, l'Association invita l'un de ses membres, le Dr Boullard, à poursuivre les héritiers de M*** et à faire décider que les médecins ont réellement privilége sur les propriétaires. Défendue par notre conseil judiciaire, M. Paillard de Villeneuve, l'Association obtint bientôt du tribunal de 1re instance un arrêt qui lui donna gain de cause.

En présence de pareils services, je dirai qu'ils

commandent la gratitude universelle et qu'ils sont un sujet de satisfaction pour ceux qui les ont rendus.

Permettez, Messieurs et chers collègues, à celui que vos suffrages unanimes ont constamment placé à la tête de cette belle institution, de vous donner aujourd'hui une preuve non équivoque de sa reconnaissance et du désir qui l'anime de voir l'Association prospérer ; à cet effet, je dépose sur le bureau une inscription de 400 francs de rente trois pour cent, représentant une somme de 11,200 francs (à 84 fr. prix d'achat). Cette rente, transférée par moi à l'Association, devient désormais sa propriété.

Si, contre les usages généralement reçus, je devance l'époque où l'on fait ces sortes de libéralités, ne voyez dans cette manière de procéder que le désir d'être plus tôt utile à nos confrères malheureux ou à leurs familles. Peut-être aussi que cet exemple trouvera des imitateurs, et que nous verrons plusieurs de nos confrères, et même des personnes étrangères à notre profession, venir bientôt en aide à la veuve et à l'orphelin.

En terminant, j'appellerai, Messieurs, votre attention sur une disposition insérée dans les deux lettres que je viens d'adresser à l'Académie de médecine et à l'École spéciale de pharmacie de Paris. Vous savez que les sommes affectées aux deux prix que je fonde seront versées dans la caisse de l'Association, toutes les fois que ces prix n'auront pas été décernés, après deux remises successives au concours des questions proposées. Lorsqu'on songe aux difficultés qu'il faudra surmonter pour résoudre plusieurs de ces questions, on est nécessairement porté à croire que la disposition dont il s'agit pourrait bien n'être pas stérile pour notre caisse.

Agréez, Messieurs et chers collègues, l'assurance de ma considération distinguée et de mes sentiments affectueux.

ORFILA.

Paris, le 1er janvier 1853.

A M. LE DIRECTEUR DE L'ÉCOLE PRÉPARATOIRE
DE MÉDECINE ET DE PHARMACIE DE BORDEAUX.

MONSIEUR ET CHER CONFRÈRE,

Vous savez qu'à mon passage à Bordeaux, en octobre dernier, j'ai visité avec vous le nouveau bâtiment qui doit incessamment loger l'École que vous dirigez avec autant de zèle que de succès. Vous n'avez pas oublié les éloges sincères que j'ai donnés à votre incessante sollicitude pour le bien de cet établissement, et au conseil municipal de la ville de Bordeaux, qui, dans cette circonstance, a si bien et si généreusement accueilli toutes vos demandes.

Le local est beau et disposé de manière à satisfaire tous les besoins. Amphithéâtre, musée, salle de dissections, etc., rien n'y manque. Pourquoi faut-il que, parmi les dépenses projetées à l'occasion des dissections, on n'ait pas préféré des tables en fonte à des tables en bois? Ces dernières offrent l'inconvénient grave d'exhaler une odeur fétide, toujours incommode, et pouvant à la longue devenir nuisible aux élèves qui se livrent avec ardeur à l'étude de l'anatomie. Le conseil municipal, m'avez-vous dit, a été si bienveillant pour nous, en nous accordant une somme considérable, que je n'oserai jamais lui proposer d'en accroître le chiffre, quoique je reconnaisse la justesse de vos observations.

Permettez-moi, mon cher ami, de vous venir en aide, et de contribuer quelque peu au perfectionnement de l'œuvre à laquelle vous avez déjà donné tant de soins. Je mets à votre disposition une somme de 1,000 francs, destinée à acheter dix tables en fonte, qui suffiront, à coup sûr, pour meubler la salle de dissections.

Ce léger souvenir, en faveur d'une École composée de tant de maîtres distingués, autour desquels se pressent des élèves en si grand nombre, doit être considéré comme un témoignage d'estime et de sympathie pour vous et pour vos collègues, parmi lesquels je compte tant d'amis.

Je veux aussi que l'on sache combien me sont chères ces Écoles préparatoires de médecine et de pharmacie, organisées sur ma proposition, d'après les bases que j'ai posées dans mon rapport de 1837, et qui n'ont trouvé de détracteurs que parmi les gens qui ne voient jamais les choses qu'à la surface et fort mal.

Recevez, mon cher Directeur, l'assurance de ma considération distinguée.

ORFILA.

Paris, le 1er janvier 1853.

A M. LE DIRECTEUR DE L'ÉCOLE PRÉPARATOIRE

DE MÉDECINE ET DE PHARMACIE D'ANGERS.

MONSIEUR LE DIRECTEUR ET CHER CONFRÈRE,

Au moment où je dispose d'une somme de 121,000 francs en faveur de plusieurs établissements publics, je ne pouvais pas oublier l'École d'Angers, si célèbre par les élèves distingués qui sont sortis de son sein, au nombre desquels je me bornerai à citer Béclard et Auguste Bérard, devenus professeurs à la Faculté de médecine de Paris, Riobé, Ollivier et Billard, tous décédés. Vous savez d'ailleurs quelles ont été toujours mes sympathies pour les professeurs actuels de l'École, qui soutiennent si dignement son antique réputation, et avec lesquels je m'honore d'avoir eu constamment les rapports les plus agréables.

J'expédie aujourd'hui à votre adresse, *franco*, une collection de pièces d'anatomie pathologique, choisie dans le magnifique Musée Thibert, cet ingénieux et infatigable praticien, dont la mort prématurée a excité de si vifs regrets. Puissiez-vous voir dans cet envoi un témoignage de ma plus vive estime pour vous et pour vos collègues, ainsi que le désir d'être utile à la jeunesse studieuse, qui trouve dans l'École dont la direction vous est confiée tant de maîtres habiles. Je veux aussi prouver, encore une fois, combien j'attache de prix à l'enseignement qui est donné dans les Écoles préparatoires, organisées sur ma proposition, d'après les bases posées dans mon rapport de 1837, et qui n'ont été si inconsidérément attaquées que par ceux qui ne se doutent pas des services qu'elles ont rendus, et de ceux qu'elles continueront à rendre, pour peu que le gouvernement leur vienne en aide, et qu'au lieu de chercher à en augmenter le nombre, il tende, au contraire, à le restreindre dans de justes limites.

Recevez, Monsieur et cher Directeur, l'assurance de ma considération distinguée.

ORFILA.

Paris, le 30 décembre 1852.

A M. STABLO, SURVEILLANT DU MUSÉE ORFILA.

Monsieur ,

Au moment où je m'occupe sérieusement d'achever le Musée Orfila, je ne saurais oublier les soins assidus que vous avez donnés à cet établissement depuis sa fondation. Vous m'avez bien des fois prouvé combien est grande votre sollicitude pour rehausser l'éclat de mon œuvre. Je ne puis que vous en être fort reconnaissant ; et, pour qu'il ne reste aucun doute à cet égard, je vous annonce que vous recevrez tous les ans une rente viagère de 100 francs, qui vous sera payée par moi ou par mes héritiers. Vous ne verrez dans ce léger don qu'un témoignage de mon estime pour vous, et le désir qui m'anime d'améliorer une position qui n'est aucunement en rapport avec le zèle que vous déployez ni avec les services que vous rendez.

La rente de 100 francs sera touchée par vous le premier jour de l'an, à dater du 1er janvier 1853.

Recevez, Monsieur, l'assurance de mes sentiments distingués.

ORFILA.

LETTRES

J'ai adressé aujourd'hui, à M. le Ministre, cinq lettres.

Par la *première*, je fais connaître mes divers dons en faveur de plusieurs établissements publics (121,000 francs).

Par la *deuxième*, je mets à la disposition de l'État une somme de 60,000 francs, destinée à achever le Musée Orfila (anatomie comparée) (voir l'Avant-propos).

Par la *troisième*, j'annonce que je fais hommage à l'École préparatoire de médecine et de pharmacie de Bordeaux d'une somme de 1,000 francs, pour l'acquisition de tables de dissection en fonte (voir page 25).

Par la *quatrième*, j'instruis M. le Ministre du don que je fais à l'École d'Angers d'une collection de pièces d'anatomie pathologique, choisie dans le Musée Thibert (voir page 27).

Par la *cinquième*, j'offre une somme de 1,000 fr. par an, ma vie durant, pour établir un musée *micrographique* propre à donner aux étudiants une idée exacte de la structure de nos tissus, et pour aider à la préparation de pièces d'anatomie (viscères, muscles, etc.), d'après l'admirable procédé du Dr Sucquet.

Je n'ai pas cru devoir publier ces lettres.

Paris, ce 1er janvier 1853.

ORFILA.

PARIS. — RIGNOUX, Imprimeur de la Faculté de Médecine, rue Monsieur-le-Prince, 31.